COC
DIVERTIDA
PARA NIÑOS

EDIMAT Libros
www.edimat.es

Contenido

Introducción

¿Qué puede ser más excitante y mágico para los niños que una fiesta, aún más especial con comida llamativa, riquísima y llena de colorido? Este libro está lleno de ideas para todos los aspectos del menú, salado y dulce, incluyendo las bebidas. Hay rápidos sándwiches y bocados ligeros; postres que hacen la boca agua, galletas y bizcochos, y maravillosas bebidas de fruta y bocaditos. Los chicos adorarán el «tren de sándwich» y las «caras de *pizza*», tanto como el «batido suavecito de fresa» y las «galletas estrellas en tus ojos».

El lugar de honor, sin embargo, lo ocupa la tarta. Las recetas son de bizcocho básico y varios tipos de coberturas y rellenos, siguiendo las instrucciones detalladas para seis diseños, desde el «pastel de cumpleaños del osito» al «juego de ordenador», adecuados para niños de todas las edades. Puede copiar las ideas o usarlas como punto de partida para dejar volar su imaginación. ¡Sea creativo!

Los niños estarán contando los días para la fiesta y parte de esa emoción puede emplearse en ayudarle a preparar la fiesta: muchas de las recetas pueden ser hechas por los propios niños.

Estas fiestas son siempre un duro trabajo para los padres, pero también pueden ser enormemente agradables y gratificantes. Deje que este libro le ayude a hacer de la fiesta de sus hijos un día para recordar.

Planeando la fiesta

Cuando se planea una fiesta para niños, no se puede ser demasiado organizado, aunque una pequeña planificación puede hacer que todo vaya a las mil maravillas.

Eligiendo día y hora

Primero decida la fecha, que puede ser por un cumpleaños, aunque el fin de semana más próximo será más conveniente. Durante el verano, puede encontrarse con que muchos amigos están fuera, así que merece la pena comprobar que los invitados más importantes van a estar antes de elegir un día. Las fiestas a última hora de la tarde son más tradicionales, mas para los niños pequeños la hora de la comida puede ser mejor ya que tienen más energía. No haga la fiesta muy larga.

Lugar de la fiesta

Si es posible, utilice una habitación para los juegos y otra para la comida de la fiesta, de forma que pueda preparar la mesa mientras que los invitados están ocupados en otro sitio y después cerrar la puerta hasta que todo el mundo se haya ido. Despeje tanto espacio en el suelo como pueda para los juegos y recuerde guardar cualquier adorno u objeto cortante.

Números

Los niños tendrán ideas fijas sobre quienes quieren en su fiesta. Depende mucho del tipo de fiesta que va a tener, la edad de los niños y el sitio disponible, pero intente asegurarse de que el número de niños no se le va de las manos.

Tema

Un tema para disfraces es una forma de lograr que toda la fiesta empiece bien. Intente evitar algo demasiado complicado que lleve horas de trabajo a los padres. Unos cuantos ejemplos: los piratas, el circo, una fiesta en el zoo, canciones infantiles, una fiesta de monstruos y los vikingos.

Entretenimiento

Muchos padres optan por contratar a un animador profesional para los niños, en especial para el grupo de 4-8 años. El entretenimiento normalmente consiste en trucos de magia, payasos y cuentacuentos. ¡La participación del público es bienvenida! El espectáculo generalmente dura una hora, terminando justo a tiempo para los refrescos. Los niños más mayores disfrutan más de una fiesta con actividades como patinaje, natación o fútbol.

Invitaciones

Mande las invitaciones con tiempo. Compre tarjetas o deje que los niños las hagan. Si su fiesta va a tener un tema, es bonito diseñar invitaciones que vayan con él. Incluya todos los detalles necesarios y diga si es una fiesta de disfraces o si quiere que sus invitados traigan sus cosas para bañarse, por ejemplo.

Listas

Haga una lista con cada persona a la que haya invitado y táchela cuando conteste. Con los niños, haga una lista con el tipo de comida que va a servir y haga otra lista de los juegos a los que pueden jugar. Luego puede hacer su lista de la compra: aparte de la comida, bebidas e ingredientes para la tarta, necesitará recordar la decoración, globos y premios.

Lista de la fiesta de los niños
- Mandar invitaciones
- Contratar al animador profesional de los niños, si se usa
- Libro de actividades, si se usa
- Planificar el menú de la fiesta: bolsa de aperitivos o un surtido de comida de fiesta para niños y refrescos
- Pedir hielo, si lo necesita
- Comprar adornos y manteles de papel
- Comprar premios y bolsas de regalo para fiestas
- Comprar comida y bebida
- Elegir juegos para la fiesta y preparar los adornos

Compras

Los grandes supermercados venden casi todo lo que necesitará para su fiesta. Busque en su juguetería más cercana novedades que puedan usarse para decorar tartas, y también premios y pequeños regalos.

Adornos

Cadenas de papel, serpentinas y globos ayudarán a crear la atmósfera de la fiesta. Ésta es una parte de la preparación en la que los niños querrán ayudar.

La mesa de la fiesta

Utilice platos y vasos de papel para que no se rompa nada. También puede comprar un mantel de papel blanco y que los niños lo decoren.

Juegos, premios y regalos

Si está planeando hacer algún juego competitivo, necesitará algunos premios para los ganadores. Y no olvide tener

preparado cualquier accesorio que vaya a necesitar para los juegos (un dedal, una venda para los ojos, un paquete con muchas cajas, etc.). Compre un surtido de regalos pequeños para llenar las bolsas de fiesta para dar a los niños cuando se vayan.

Tren de sándwich

Ésta es una forma sencilla de hacer los sándwiches más atractivos para los niños pequeños, quienes algunas veces pueden ser difíciles de agradar.

Para 2 trenes

INGREDIENTES
2 sándwiches integrales con el pan blando
1 pepino
rábanos
un poco de pasta para untar
 (como paté, queso para untar, etc.)
una ramita de apio
1 zanahoria
1 remolacha cocida
crema de queso, lechuga y un palito de galleta
 salada, para adornar (opcional)

1 Quitar la corteza de los sándwiches y después cortar cada uno en cuatro cuadrados. Cortar cada cuarto por la mitad otra vez, para tener cuatro pequeños sándwiches en total.

2 Hacer una locomotora usando tres de los sándwiches preparados. Colocar el resto de los sándwiches detrás de la locomotora, poniendo tiras de piel de pepino entre ellos imitando las vías del tren, reservando un trozo.

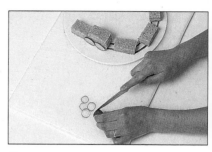

3 Cortar en rodajas los rábanos, reservando un trozo, y pegarlos a los lados del tren con un poco de la pasta del relleno.

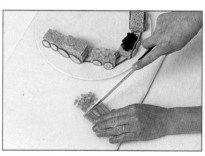

4 Cortar en dados el apio, la zanahoria, guardando un trozo, y la remolacha y poner montoncitos encima de los vagones.

VARIANTES: No tiene que limitarse a estos ingredientes para decorar el tren. Otras verduras de colores pueden usarse en su lugar: pimientos rojos, verdes y amarillos quedarían bien, igual que el maíz. Déle un verdor extra con berros, si lo prefiere.

5 Cortar una chimenea de zanahoria, pon encima humo de crema de queso si quiere y poner en la locomotora con medio rábano y un trozo de pepino. Si quiere hacer un árbol, atar un poco de lechuga en un palito de galleta salada y clavar en vertical con una gota de crema de queso como base.

Cabaña de troncos

Esta construcción llamativa lleva poco tiempo de hacer, pero es una de las favoritas de los niños.

1 cabaña
(18 sándwiches)

INGREDIENTES
4 sándwiches integrales, rellenos
    con la pasta que se quiera,
    sin la corteza
palitos de galleta salada
1 tomate
1 zanahoria
1 rábano
1 trozo de 2,5 cm/1 in de pepino

1 Colocar dos de los sándwiches preparados en una tabla y cortar cada uno en 6 sándwiches pequeños y rectangulares. Después cortar los sándwiches restantes en cuatro triángulos iguales.

2 Apilar los sándwiches rectangulares juntos para formar la base de la cabaña y poner seis de los triángulos encima para formar el tejado. (Puede servir el resto de los triángulos de sándwich por separado.)

3 Colocar los palitos de galleta salada en el tejado simulando troncos, pegándolos con un poco de pasta para rellenar sándwiches o requesón si es necesario.

4 Romper el resto de los palitos salados en trozos de 2,5 cm/1 in y usarlos para hacer una valla alrededor de la cabaña, poniéndolos en vertical con requesón.

5 Cortar el tomate formando puertas y ventanas. Cortar la zanahoria en una chimenea, pegándola con requesón y usar un poco de requesón para hacer el humo. Cortar flores de rábanos y zanahorias. Cortar el pepino en dados pequeños y colocar imitando un camino.

Barcos veleros

Un novedoso sándwich que puede preparar con muchos rellenos distintos.

12 barcos

INGREDIENTES
6 bollos pequeños y alargados
225 g/8 oz del relleno elegido (ver Consejos)
perejil fresco picado
2 tomates, en cuartos y sin pepitas
2 rábanos y 6 lonchas de queso

1 Cortar cada bollo por la mitad horizontalmente y recortar la base para que se mantengan en pie por todos los lados. Poner 1 cucharada del relleno encima de cada mitad y extender hasta los bordes, dándoles una ligera forma de cúpula.

2 Rodear el relleno con un borde de perejil picado si se quiere. Cortar el tomate en tiras finas y colocarlo alrededor de los bordes de cada mitad de bollo.

3 Cortar los rábanos en láminas y en dos triángulos. Cortar las lonchas de queso en forma de vela.

4 Ensartar cada vela en un palillo y pinchar en el relleno, apoyándolo con unas tiras de rábano, si es necesario.

CONSEJOS: Para hacer relleno de cacahuete y tomate, mezclar 3 cucharadas soperas de mantequilla de cacahuete crujiente y 3 cucharadas soperas de *chutney* de tomate.
Para hacer el relleno de queso y piña, mezclar bien ½ taza de requesón con 2 cucharadas soperas de piña en lata escurrida y picada y sazonar al gusto.

Nachos de queso y chile

Haga este aperitivo tan picante como quiera adaptando la cantidad de chile.

4 personas

INGREDIENTES
115 g/4 oz de tortilla de maíz con chile
    en bolsa
½ taza de queso Cheddar, rallado
½ taza de queso Leicester rojo, rallado
50 g/2 oz de chiles jalapeños verdes en
    vinagre en rodajas, para adornar

PARA MOJAR
2 cucharadas soperas de zumo de limón
1 aguacate pelado, sin hueso y picado
1 tomate, picado
sal y pimienta negra recién molida

1 Colocar las tortillas en una capa
llana en un plato resistente al fuego.
Espolvorear con los quesos rallados y
repartir rodajas de chile jalapeños para
sazonar por encima.

2 Poner el plato bajo el grill caliente y
tostar hasta que el queso se haya derretido
y esté un poco tostado.

3 Mezclar el zumo de limón, el aguacate
y el tomate en un cuenco y añadir sal y
pimienta al gusto. Servir los nachos
de queso y chile caliente con la salsa de
aguacate y tomate aparte.

Trenzas de beicon

Estos sabrosos bollitos caseros, en una forma divertida, darán otro toque
a la fiesta de los niños. Servir acompañado de queso de hierbas suave.

12 trenzas

INGREDIENTES
4 tazas de harina blanca
    fuerte
6 g/¼ oz de levadura seca perfumada,
    fácil de mezclar
½ cucharadita de sal
1 ⅔ tazas de agua caliente
    pero que no queme
12 lonchas de tocino entreverado
1 huevo, batido

2 Pasar la mezcla a una superficie
ligeramente rociada con harina y después
amasar durante 5 min o hasta que esté
suave y elástica. Dividir en 12 trozos y
enrollar cada uno en forma de salchicha.

1 Poner la harina, la levadura y la sal en
un cuenco y remover. Añadir un poco
del agua caliente y mezclar con un
cuchillo. Añadir el resto del agua y usar
sus manos para levantar la mezcla y hacer
una masa pegajosa.

3 Poner cada rodaja de tocino en una
tabla de cortar y pasar la parte de atrás
del cuchillo a lo largo, para estirarlas
ligeramente. Enrollar una loncha de bacón
alrededor de cada «salchicha» de masa.

CONSEJOS: Para probar si las
«salchichas» están hechas, golpear
la base de una suavemente: si suena
hueco, está hecha.

VARIANTE: La misma mezcla de
masa base puede usarse para hacer
bollitos o barras de pan.

4 Pincelar las «salchichas» con huevo batido y colocarlas en una bandeja de horno ligeramente engrasada con aceite. Dejar en un sitio templado durante 30 min o hasta que hayan doblado su tamaño. Precalentar el horno a 200 °C/400 °F y cocer las «salchichas» durante 25-30 min hasta que estén cocidas y doradas. Servir calientes.

Rollitos de minisalchichas

Todo el mundo adora los rollitos de salchichas y los niños no son una excepción. Esta versión en miniatura tiene el tamaño justo para las bocas pequeñas.

40 rollitos

INGREDIENTES
1 cucharada de mantequilla
1 cebolla picadita
350 g/12 oz de carne de salchicha
   de buena calidad
1 cucharada de especias mezcladas: orégano,
   tomillo, salvia, estragón y eneldo
¼ de taza de pistachos, picados finos
   (opcional)
350 g/12 oz de pasta de hojaldre
4-6 cucharadas de queso Parmesano rallado
1 huevo, ligeramente batido, para barnizar
semillas de amapola, sésamo, hinojo y anís,
   para espolvorear
sal y pimienta negra recién molida

1 En una sartén pequeña, a fuego medio, derretir la mantequilla. Añadir la cebolla y freír durante 5 min hasta que esté blanda. Apartar del fuego y dejar enfriar. Poner la cebolla, la carne de salchicha, las hierbas, sal y pimienta y los pistachos (si se usan) en un cuenco y remover todo junto hasta que esté bien mezclado.

2 Repartir la carne de salchicha en cuatro partes iguales y formar salchichas de unos 25 cm/10 in de largo. Dejar aparte. Precalentar el horno a 220 °C/425 °F. Engrasar ligeramente una bandeja de horno.

3 En una superficie enharinada, extender la pasta con el rodillo hasta hacerla de 3 mm/⅛ in de grueso. Cortar en 4 láminas de 25 x 7,5 cm/10 x 3 in. Poner una salchicha grande sobre cada lámina de pasta y espolvorear por encima con Parmesano.

4 Barnizar a lo largo un borde de cada trozo de lámina de pasta con el huevo batido y enrollar para cerrar cada salchicha. Colocarlas con el lado de la costura hacia abajo y presionar para sellarlas. Barnizar con el huevo batido y espolvorear con un tipo de semillas. Repetir con el resto de láminas de pasta y las distintas semillas.

VARIANTE: La pasta *filo* puede usarse en lugar de la pasta de hojaldre para dar un efecto más ligero.

5 Cortar cada uno de los troncos de pasta en trozos de 2,5 cm/1 in y colocar en la bandeja de horno durante 15 min hasta que la pasta esté crujiente y dorada. Servir los rollitos de salchicha calientes o a temperatura ambiente.

Gajos de patata con piel

A los niños les encantará recoger la ligeramente condimentada salsa de cilantro con estas riquísimas patatas con piel crujiente.

4 personas

INGREDIENTES
5 patatas grandes, limpias
2-3 cucharadas soperas de aceite
6 cucharadas soperas de mayonesa
2 cucharadas soperas de yogur natural
1 cucharadita de pasta de curry
2 cucharadas soperas de cilantro fresco
    picado, más un poco extra para adornar
sal

1 Precalentar el horno a 190 °C/375 °F. Colocar las patatas en una bandeja de asar, pincharlas con un tenedor y asarlas durante 45 min a 1 h o hasta que estén tiernas. Dejar que se enfríen ligeramente.

2 Con cuidado cortar cada patata en cuartos a lo largo. Sacar un poco del centro con un cuchillo o cuchara y volver a poner la piel en la bandeja de asar. (Reservar la patata asada para usarla en otras recetas.)

3 Barnizar las patatas con aceite y espolvorear con sal antes de volver a meterlas en el horno.

4 Asar las pieles de patata durante 30-40 min más hasta que estén crujiente y doradas, barnizándolas de cuando en cuando con más aceite, lo que ayudará a hacer la piel crujiente.

5 Mientras tanto, poner la mayonesa, el yogur natural, la pasta de curry y 1 cucharada sopera del cilantro picado en un cuenco pequeño y mezclar bien. Dejar la salsa durante 30-40 min para permitir que coja el sabor por entero.

6 Pasar la salsa de cilantro a un cuenco de servir y colocar en un plato grande. Poner las pieles de las patatas alrededor del cuenco. Servir, espolvoreado con el resto del cilantro.

Taquitos de tortilla

Estos taquitos de tortilla hacen atractiva la comida de cualquier fiesta infantil.

60 taquitos

INGREDIENTES

6 cucharadas de aceite de oliva
1 cebolla grande, cortada en rodajas finas
350 g/12 oz de patatas para asar, en rodajas finas
2 dientes de ajo, picados finos
½ cucharadita de tomillo seco
8 huevos
1-2 cucharaditas de orégano seco o albahaca
un pellizco de pimienta de cayena (opcional)
1 ¼ tazas de guisantes escurridos
3-4 cucharadas de Parmesano rallado
sal y pimienta negra recién molida
triángulos de pimiento rojo, para adornar

1 En una sartén antiadherente, grande y honda, calentar 4 cucharadas soperas del aceite a fuego medio. Añadir las cebollas y las patatas y freír 8-10 min, removiendo frecuentemente, hasta que estén tiernas.

2 Añadir el ajo, el tomillo y sazonar y fre 2 min más. Apartar del fuego y enfriar.

3 Precalentar el horno a 150 °C/300 °F. Barnizar una fuente para el horno cuadrada de 20 x 30 cm/8 x 12 in con el resto del aceite. En un cuenco, batir los huevos con el orégano o la albahaca, sal y pimienta, si se utiliza. Echar los guisantes.

4 Distribuir la mezcla de patatas enfriadas dentro de la fuente del horno uniformemente y verter la mezcla de huevos. Cocer en el horno durante 40 m hasta que esté cuajada. Espolvorear con e queso y cocer durante otros 5 min. Apar a una rejilla metálica.

5 Cuando se enfríe, cortar la tortilla en 60 cuadrados pequeños. Servir templada o a temperatura ambiente pinchada en palillos y con triángulos de pimiento rojo

Costillas magras barnizadas

ubiertas con un barnizado dulce y pegajoso, son buenas para chuparse los dedos.

5 costillas aprox.

INGREDIENTES

kg/2 ¼ lb de costillas magras de cerdo
cortadas en trozos de 5 cm/2 in
de taza de *ketchup* o salsa de chile suave
3 cucharadas de salsa de soja
3 cucharadas de miel pura
dientes de ajo, picados finos
de taza de zumo de naranja
de cucharadita de pimienta de cayena
de cucharadita de polvo a las cinco especias
chinas
2 granos de anís estrellado
lajas de limón y lechuga picada, para adornar

Usando un cuchillo pequeño y afilado,
par aproximadamente 5 mm/¼ in de la
rne de cada costilla para servirlo como
pequeño «mango».

2 En un cuenco grande o bandeja para el horno mezclar el *ketchup* o salsa de chile, la salsa de soja, la miel, el ajo, el zumo de naranja y la pimienta de cayena, si se quiere utilizar; el polvo a las cinco especias y el anís estrellado hasta mezclar bien. Añadir las costillas y remover hasta cubrir bien. Tapar y enfriar de 6-8 h o toda la noche.

3 Precalentar el horno a 180 °C/350 °F. Forrar una bandeja del horno con papel de aluminio y colocar una capa de costillas echando por encima cualquier resto de marinada.

4 Cocer en el horno, sin tapar, moviendo la bandeja de cuando en cuando 1- 1½ h o hasta que las costillas estén bien doradas y barnizadas. Servir calientes, con rodajas de limón y lechuga picada.

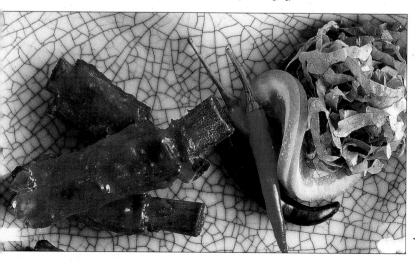

Erizos regordetes

Una forma de servir una sencilla y apetitosa comida que los niños encontrarán divertida. Merece la pena decorar la cara del erizo, lo que le dará vida.

4 erizos

INGREDIENTES
4 patatas grandes para asar
6-8 salchichas de Frankfurt
50 g/2 oz de tomates *cherry*
50 g/2 oz de queso Cheddar
2 ramas de apio
trozos de pimiento rojo y aceitunas negras
1 zanahoria, en trozos
lechuga iceberg, picada

1 Precalentar el horno a 200 °C/400 °F. Pinchar las patatas por todos los lados. Cocer al horno durante 1-1 ¼ h o hasta que estén blandas (probar con un pincho).

2 Mientras tanto, cocer las salchichas de Frankfurt en una cacerola grande con agua hirviendo 8-10 min hasta que estén bien calientes.

> CONSEJOS: Puede que prefiera no utilizar palillos para servir la comida a niños muy pequeños.

3 Cortar los tomates por la mitad. Cuando las salchichas pueda cogerlas con las manos, cortarlas en trozos de 2,5 cm/ 1 in. Cortar el queso en dados y el apio en rodajas. Atravesar la comida con palillos en combinaciones distintas.

4 Cuando las patatas estén asadas, sacarlas del horno. Pinchar la piel por todos los lados con los palillos por encima.

5 Decorar cada cabeza de erizo con ojos hechos de pimiento rojo y aceitunas y narices de zanahoria. Servir sobre un lecho de lechuga picada.

Pizza Margarita

La *pizza* es famosa, especialmente en las fiestas, y ¡es tan fácil para los dedos pequeños llevársela a la boca!

Una *pizza* de 25-30 cm/10-12 in

INGREDIENTES
2 cucharadas de aceite de oliva
150 g/5 oz de queso Mozzarella,
   en rodajas finas
2 tomates maduros, en rodajas finas
6-8 hojas de albahaca fresca
2 cucharadas de queso Parmesano rallado
pimienta negra recién molida

PARA LA MASA
1 ½ tazas de harina blanca fuerte,
   más un poco para espolvorear
¼ de cucharadita de sal
1 cucharada de levadura seca fácil de mezclar
½-⅔ de taza de agua templada
1 cucharada de aceite de oliva

PARA LA SALSA DE TOMATE
1 cebolla picada fina
1 diente de ajo machacado
1 cucharada de aceite de oliva
400 g/14 oz de tomates picados en lata
1 cucharada de puré de tomate
1 cucharada de hierbas frescas mezcladas y
   picadas, como orégano, albahaca y tomillo
una pizca de azúcar

1 Para hacer la masa, mezclar la harina, la sal y la levadura en un cuenco. Hacer un hueco en el centro, añadir el agua y el aceite y mezclar con una cuchara hasta que se forme una pasta blanda.

2 Amasar en una superficie enharinada 10 min hasta que esté suave y elástica. Poner en un cuenco engrasado, tapar y dejar en un lugar húmedo durante 1 h o hasta que doble su tamaño.

3 Para hacer la salsa de tomate, freír la cebolla y el ajo en el aceite 5 min. Añadir el resto de ingredientes y sazonar. Cocer a fuego lento, removiendo de vez en vez, 15-20 min o hasta que esté espesa. Enfriar.

4 Precalentar el horno a 220 °C/425 °F. Volver a golpear la masa. Amasar otra vez durante 2-3 min, después extender con el rodillo un círculo de 25-30 cm/10-12 in y poner en una bandeja de horno engrasada.

5 Barnizar la masa con 1 cucharada sopera de aceite y después repartir por encima la salsa de tomate. Colocar la Mozzarella y las rodajas de tomate por encima.

6 Espolvorear con albahaca y Parmesano. Rocíar por encima con el resto del aceite y sazonar con pimienta negra. Cocer al horno 15-20 min hasta que esté crujiente y dorada. Servir cortada en cuartos.

CONSEJOS: Utilizar una base de *pizza* ya hecha y salsa para ahorrar tiempo.

Caras de *pizza*

Estas caras divertidas son fáciles de hacer y tienen un gran éxito entre los niños

9 caras

INGREDIENTES
2 cucharadas de aceite vegetal
1 cebolla, picada fina
200 g/7 oz de tomates pelados en lata
25 g/1 oz de puré de tomate
9 bollos blandos para tostar
200 g/7 oz de queso en lonchas
1 pimiento verde, sin pepitas
 y cortado en trozos pequeños
4-5 tomates *cherry* en rodajas
sal y pimienta negra
 recién molida

1 Precalentar el horno a 220 °C/425 °F.
Calentar el aceite en una sartén grande,
añadir la cebolla y freír durante 2-3 min
hasta que esté blanda.

2 Añadir los tomates en lata, el puré de
tomate y sazonar. Llevar a ebullición y
cocer de 5-6 min hasta que la mezcla se
quede espesa y con pulpa. Dejar enfriar.

3 Tostar ligeramente los bollos bajo
el grill. Colocar en una bandeja de horn
Poner una cucharadita colmada
de la mezcla de tomate por encima y
extienderla uniformemente. Cocer en
el horno durante 25 min.

4 Cortar las lonchas de queso en tiras
y colocarlas con el pimiento verde y los
tomates *cherry* encima de las *pizzas* para
formar caras sonrientes. Volver a meter
en el horno durante 5 min más hasta
que el queso se derrita. Servir las *pizzas*
mientras todavía estén calientes.

Brochetas de pollo picantes

Un delicioso plato para fiestas que utiliza la salsa favorita de todos para mojar.

personas

INGREDIENTES

cucharadas de aceite
cucharada de zumo de limón
50 g/1 lb de pechuga de pollo sin piel ni
   huesos, cortada en dados pequeños

PARA LA SALSA

cucharadita de chile en polvo
cucharadas de agua
cucharada de aceite
cebolla pequeña, rallada
diente de ajo, machacado
cucharadas de zumo de limón
cucharadas de mantequilla de cacahuete
   crujiente
cucharadita de sal y otra de cilantro molido
rodajas de pepino y de limón, para servir

1 Poner en remojo 12 pinchos de madera
en agua, para evitar que se quemen durante
el tiempo que estén en el grill. Mezclar el
aceite y el zumo de limón en un cuenco
y echar el pollo. Cubrir y marinar un
mínimo de 30 min.

2 Ensartar 4-5 dados de pollo en cada
brocheta. Asar bajo el grill caliente,
dándoles la vuelta de vez en vez, durante
10 min hasta que estén asados y dorados.

3 Mientras, mezclar el chile en polvo con
1 cucharada de agua. Calentar el aceite
en una sartén y freír la cebolla y el ajo hasta
que estén tiernos, después bajar el fuego y
echar el resto de ingredientes. Añadir más
agua si es necesario. Servir caliente, con las
brochetas y las rodajas de pepino y limón.

Chupa-chups de pollo

Estas sabrosas alitas rellenas, que los niños podrán coger y comerse como chupa-chups, se digerirán muy bien.

12 chupa-chups

INGREDIENTES
12 alitas de pollo grandes
aceite abundante para freír

PARA EL RELLENO
1 cucharadita de harina de maíz
¼ de cucharadita de sal
½ cucharadita de tomillo fresco
una pizca de pimienta negra
      recién molida

PARA EL REBOZADO
3 tazas de pan rallado
2 cucharadas de semillas de sésamo
2 huevos, batidos

2 Cogiendo el hueso de la tercera sección de la alita por el extremo grueso, y utilizando un cuchillo afilado, cortar la piel y separar la carne del hueso, raspando hacia abajo y empujando la carne hacia el final, formando un bolsillo. Repetir este proceso con el resto de las alitas.

3 Rellenar los pequeños bolsillos con el relleno. Para hacer el rebozado de los chupa-chups, mezclar el pan rallado y las semillas de sésamo. Poner la mezcla de pan rallado y el huevo batido en platos distintos.

4 Pasar los chupa-chups de pollo por el huevo batido y rebozarlos hasta cubrirlos. Dejar reposar y repetir para hacer una segunda capa, formando un rebozado grueso. Dejar reposar hasta que estén preparados para freír.

1 Quitar la punta de las alitas y desecharlas o utilizarlas para hacer caldo. Pelar la segunda sección quitando los 2 huesos pequeños; quitar la carne de estos huesos, picarla y mezclarla con los ingredientes del relleno en un cuenco.

5 Precalentar el horno a 180 °C/350 °F. Calentar 5 cm/2 in de aceite en una sartén profunda hasta que el aceite esté caliente pero sin que llegue a humear o el pan rallado se quemará.

6 Freír despacio 2-3 chupa-chups de una vez hasta que estén dorados. Sacarlos y escurrir en papel de cocina. Completar la cocción en el horno precalentado durante 15-20 min o hasta que estén tiernos. Servir calientes o a temperatura ambiente.

Hamburguesas de judías *aduki*

Unas hamburguesas deliciosas, servidas con todos los accesorios que agradarán a los jóvenes vegetarianos invitados a la fiesta, que son exigentes con su comida.

12 hamburguesas

INGREDIENTES

1 taza de arroz integral y 1 cebolla, picada
2 dientes de ajo, machacados
2 cucharadas de aceite vegetal
¼ de taza de mantequilla
1 pimiento verde pequeño, sin pepitas y picado
1 zanahoria, rallada
400 g/14 oz de judías *aduki* en lata, lavadas y
    escurridas o 115 g/4 oz de judías *aduki*
    secas, puestas en remojo y cocidas
1 huevo batido
1 taza de queso duro, rallado
1 cucharadita de tomillo seco
½ taza de avellanas tostadas
    o almendras tostadas fileteadas
harina integral o de maíz, para rebozar
aceite, para freír
sal y pimienta negra recién molida
panecillos de hamburguesa, lechuga
    y guarnición, para servir

1 Cocer el arroz siguiendo las instrucciones del envase, dejándolo que se recueza un poco para que esté blando. Escurrir y pasarlo a un cuenco grande.

2 Freír la cebolla y el ajo en el aceite y mantequilla, con el pimiento verde pica y la zanahoria rallada durante 10 min h. que las verduras se ablanden.

3 Echar las verduras rehogadas en el cuenco del arroz, con las judías *aduki*, huevo, el queso, el tomillo, los frutos se y abundante sazonado. Dejar enfriar ha que esté bastante consistente.

4 Formar 12 hamburguesas mojándo las manos si la mezcla está muy espesa. Rebozar las hamburguesas en harina integral o harina de maíz y reservar.

CONSEJOS: Estas hamburguesas se congelan muy bien. Déjelas enfriar, congélelas y después envuélvalas y métalas en bolsas. Aguantarán 6 semanas. Cuézalas en el horno a 180 °C/350 °F durante 20-25 min.

5 Calentar 1 cm/½ in de aceite en una sartén honda y freír las hamburguesas en tandas durante 5 min hasta que se doren, dándoles la vuelta después de 3 min. Sacarlas y escurrir en papel de cocina. Servir calientes en pan de hamburguesas con lechuga y guarnición.

Bombas de helado

Este postre helado con salsa caliente es pura dinamita para los niños.

6 personas

INGREDIENTES
4 tazas de helado de chocolate no muy duro
2 tazas de helado de vainilla no muy duro
⅓ de taza de pastillas de chocolate negro
115 g/4 oz de *toffes* y 5 cucharadas de nata
    doble

1 Repartir el helado derretido de
chocolate entre 6 tazas pequeñas. Empujar
hacia la base y los lados, dejando un
agujerito central en forma de taza. No se
preocupe si el helado no queda de una
forma muy limpia, se congelará otra vez
antes de que el helado se derrita mucho.

2 Vuelva a meter en el congelador y
déjelo allí 45 min. Sáquelo y alise dándole
forma. Métalo en el congelador de nuevo.

3 Poner el helado de vainilla en un
cuenco pequeño y romperlo un poco.
Echar las pastillas de chocolate negro y
usarlo para rellenar el agujero en el helado
de chocolate. Meterlo en el congelador
toda la noche.

4 Poner los *toffes* en un cazo y calentar,
removiendo todo el tiempo. Mientras se
funde, añadir la nata y seguir removiendo
hasta que los caramelos se derritan y la salsa
esté caliente.

5 Mojar las tazas en agua caliente y
pasar un cuchillo por el borde del helado.
Volcarlo sobre platos, verter la salsa por
encima y servir.

Peras hojaldradas

Un postre que entra por los ojos y que resulta estupendo en una fiesta infantil.

personas

INGREDIENTES

25 g/8 oz de pasta de hojaldre preparada
peras, peladas, por la mitad y sin el corazón
oz de chocolate negro, picado
cucharada de zumo de limón y 1 huevo, batido
cucharada de azúcar extrafino y azúcar glasé

Extender con el rodillo la pasta de
hojaldre formando un cuadrado de
5 cm/10 in sobre una superficie
ligeramente enharinada. Recortar los
bordes, y cortar en 4 cuadrados iguales más
pequeños.

Rellenar el agujero de cada media pera
con el chocolate. Poner media pera, con la
parte del corte hacia abajo, sobre cada trozo
de pasta y barnizar con zumo de limón.

3 Precalentar el horno a 190° C/375 °F.
Cortar la pasta de hojaldre en forma de
peras, siguiendo la línea de la fruta, dejando
un borde alrededor de 2,5 cm/1 in.

4 Usar los recortes para hacer hojas y
barnizar la pasta con el huevo batido.

5 Colocar la masa y las peras en una
bandeja para el horno. Hacer cortes
profundos en las peras con cuidado de
no atravesar la fruta y espolvorear con
el azúcar extrafino.

6 Cocer las peras al horno durante
20-25 min hasta que estén ligeramente
doradas. Servir calientes o frías,
espolvoreadas con azúcar glasé, al gusto.

Monstruos de merengues

Los niños demandarán más de estos crujientes merengues que hacen la boca agua, con crema batida y frutas de verano de sabor ácido.

4 personas

INGREDIENTES
3 claras de huevo
¾ de taza de azúcar extrafino
1 cucharada de harina de maíz
1 cucharadita de vinagre de vino blanco
unas gotas de esencia
     de vainilla
1 ½ tazas de frutas rojas
     de verano variadas
¼ de taza de nata doble
1 fruta de la pasión

1 Precalentar el horno a 140 °C/275 °F. Con un lápiz, dibujar ocho círculos de 10 cm/4 in en dos hojas de papel antiadherente para el horno que se pondrán en dos bandejas de horno. Poner el papel boca abajo en las bandejas del horno.

2 Montar las claras de huevo a punto de nieve; cuando hayan subido un poco añadir el azúcar extrafino poco a poco y seguir montando hasta que estén duras.

3 Con una cuchara de metal, añadir, removiendo, la harina de maíz, el vinagre y la esencia de vainilla. Poner la mezcla de merengue en una manga pastelera con una boquilla en forma de estrella.

4 Con la manga pastelera, formar una capa sólida de merengue en cuatro de los círculos dibujados y después formar una especie de enrejado en los otros cuatro. Cocer en el horno durante 1 ¼-1 ½ h, intercambiándolas de posición cada 30 min, hasta que estén ligeramente doradas. El papel se quitará fácilmente de la parte de atrás de los merengues cuando estén fríos. Dejar que se enfríen.

5 Cortar la mayoría de las frutas de verano, reservando unas pocas para decorar. Batir la nata y repartirla sobre las figuras sólidas de merengue. Repartir la fruta picada por encima. Partir por la mitad la fruta de la pasión, sacar las semillas con una cucharilla y repartirlas por encima de las otras frutas. Tapar con el enrejado y servir con las frutas enteras reservadas.

Galletas locas

Cortar estas sencillas galletas en lotes de distintas formas y dejar volar la imaginación con la decoración, usando montones de colores brillantes.

20 galletas

INGREDIENTES
1 taza de harina con levadura
1 cucharadita de jengibre molido
1 cucharadita de bicarbonato
¼ de taza de azúcar
¼ de taza de mantequilla, reblandecida
2 cucharadas de sirope dorado

PARA LA COBERTURA
½ taza de mantequilla, reblandecida
2 tazas de azúcar glasé, tamizada
1 cucharadita de zumo de limón
unas pocas gotas de colorante
    alimenticio
sirope de colores
dulces de colores (golosinas)

1 Tamizar la harina con levadura, el jengibre molido, y el bicarbonato de soda en un cuenco grande. Añadir el azúcar, después frotar cuidadosamente la mantequilla reblandecida con los dedos, levantando la mezcla por encima del cuenco, hasta que parezca pan rallado.

2 Añadir el sirope dorado y mezclar hasta formar una masa. Calentar el horno a 190 °C/375 °F. Engrasar una bandeja.

3 Extender la masa con el rodillo en una superficie ligeramente enharinada hasta que tenga 3 mm/⅛ in de grosor. Troquelar la formas con cortadores de galletas y pasarlo a la bandeja de horno. Cocer en el horno 5-6 min antes de pasarlas a enfriar.

4 Para hacer el glaseado, batir la mantequilla en un cuenco hasta que esté ligera y esponjosa. Añadir el azúcar glasé poco a poco y continuar batiendo. Añadi el zumo de limón y el colorante. Repartir sobre algunas de las galletas y apartar.

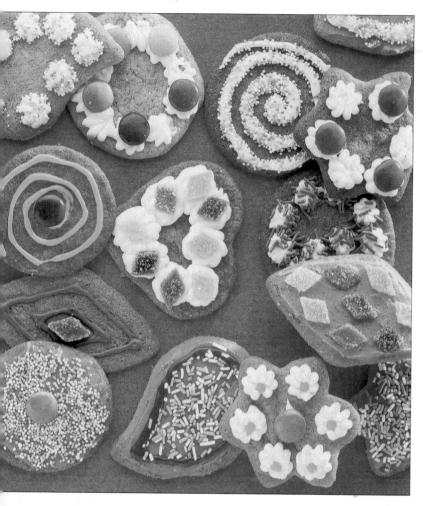

5 Para hacer cada galleta distinta, decorar algunas con dulces de colores, justo antes de que el glaseado se haya fijado y después decorarlas con un surtido de sirope de colores.

Pastelitos de chocolate con menta

Se oirán exclamaciones de placer cuando los niños descubran el cremoso relleno de menta que se esconde dentro de estas magdalenas, que también están decoradas con una capa de chocolate a la menta.

12 pastelitos

INGREDIENTES

2 tazas de harina sin levadura
1 cucharadita de bicarbonato sódico
una pizca de sal
½ taza de cacao en polvo sin azúcar
10 cucharadas de mantequilla sin sal, ablandada
1 ½ tazas de azúcar extrafino
3 huevos
1 cucharadita de esencia de hierbabuena
1 taza de leche

PARA EL RELLENO DE CREMA DE MENTA

1 ¼ tazas de nata líquida o crema doble
1 cucharadita de esencia de hierbabuena

PARA LA COBERTURA DE CHOCOLATE

175 g/6 oz de chocolate negro
½ taza de mantequilla sin sal
1 cucharadita de esencia de hierbabuena

1 Precalentar el horno a 180 °C/350 °F. Colocar 12 moldes de papel individuales en una bandeja con 12 cavidades para bollos. En un cuenco, mezclar la harina, el bicarbonato, una pizca de sal y el cacao en polvo.

2 Con las varillas de la batidora, batir la mantequilla y el azúcar en un cuenco grande hasta que esté ligera y cremosa.

3 Añadir los huevos de uno en uno a la mantequilla y el azúcar, batiendo bien cada vez que se añada uno. Después batir con la esencia de hierbabuena. A una velocidad baja, batir, añadiendo poco a poco, la mezcla de harina, alternando con la leche, hasta que esté blanda. Echar cucharadas en los envoltorios de papel preparados.

4 Cocer en el horno durante 12-15 mi hasta que cuando inserte un pincho salg limpio: no las cueza demasiado.

5 Inmediatamente, sacar las magdalena de la bandeja a una rejilla metálica para que se enfríen completamente. Cuando estén frías, quitar los envoltorio de papel.

Para hacer el relleno, batir la nata y
esencia de hierbabuena en un cuenco
queño hasta que la nata esté bien
ontada. Echar cucharadas en una manga
stelera con una boquilla plana. Insertar
boquilla en la base de la magdalena
apretar, soltando aproximadamente
cucharada sopera de crema en el centro.
epetir con el resto de las magdalenas.

7 Para hacer la cobertura, fundir el
chocolate y la mantequilla en un cazo a
fuego bajo, removiendo hasta que esté
fino. Apartar del fuego y echar la esencia
de hierbabuena. Dejar enfriar, y después
repartir por encima de cada pastel.

Barritas de chocolate crujientes

Un pastel fácil de hacer que no necesita cocción y es un gran éxito con los niño

12 barritas

INGREDIENTES
350 g/12 oz de chocolate negro
½ taza de mantequilla
400 g/14 oz de leche condensada en lata
225 g/8 oz de galletas digestivas, en trozos
⅔ de taza de pasas
⅔ de taza de melocotones secos listos
    para comer, picados
½ taza de avellanas o nueces lisas,
    picadas

1 Forrar un molde para pasteles de 18 x 28 cm/7 x 11 in con papel transparente. Poner el chocolate y la mantequilla en un cuenco grande sobre una cacerola con agua caliente sin que llegue a hervir y dejar que se funda. Remover hasta mezclar.

VARIACIÓN: Experimentar con distintas frutas y nueces. Cambiar melocotones por trozos de manzana seca y las avellanas o nueces por almendras. El resultado será igual de apetitoso.

2 Batir la leche condensada con la mezc de chocolate y mantequilla. Añadir las pasas, las galletas, los melocotones y los frutos secos y mezclar bien, hasta que tod los ingredientes se cubran con chocolate.

3 Volcar la mezcla en el molde preparad y asegurarse de que esté bien apretado en las esquinas. Dejar desigual por encima. Poner en la nevera y dejar que se cuaje.

4 Sacar el pastel del molde usando el papel transparente y después quitarlo con cuidado. Cortar el pastel en 12 barra y dejar enfriándose hasta que se vaya a servir.

Bizcocho básico

Todos los diseños siguientes se basan en esta receta básica de bizcocho.
Para tartas más grandes simplemente aumente las cantidades como se indica
en las recetas individuales y siga los siguientes pasos.

Un bizcocho de 15 cm/6 in redondo o cuadrado

INGREDIENTES
2 huevos
½ taza de azúcar extrafino
½ taza de harina con levadura
½ taza de mantequilla o margarina
½ cucharadita de levadura
1 cucharada de agua

1 Precalentar el horno a 190 °C/375 °F.
Engrasar ligeramente la base y las paredes
de un molde para tartas redondo de
15 cm/6 in con mantequilla o margarina
derretida. Forrar la base con papel
encerado y después engrasar el papel.

2 Poner los huevos, el azúcar, la
mantequilla o la margarina y la harina
en un cuenco. Dejar la cucharilla de
levadura rasa y después añadir a los otros
ingredientes del cuenco. Añadir al agua.
Batir todos los ingredientes del bizcocho
hasta que la masa esté suave y cremosa.

3 Echar cucharadas de la mezcla de
bizcocho en el molde preparado y extende[r]
uniformemente por todos los lados.

4 Cocer en el centro del horno durante
35-45 min o hasta que, cuando inserte
un pincho fino en el centro del pastel
salga limpio. Despegar los lados del
pastel cuidadosamente con un cuchillo.

5 Cubrir una rejilla metálica de
enfriar con un trozo de papel encerado
(esto evitará que el bizcocho se pegue),
y dar la vuelta al bizcocho sobre la rejilla.
Dejar que el bizcocho se enfríe totalmen[te]
antes de recubrirlo.

Cobertura real

Se usa para decorar con manga pastelera,
hacer figuras o para adornos en pasteles. Al
secarse se endurece, conservando la forma
que cuando se aplica con la manga pastelera.

tazas

INGREDIENTES
clara de huevo grande
225 g/8 oz de azúcar glasé, tamizada

Batir la clara en un cuenco grande con
un tenedor. Añadir un cuarto del azúcar
y batir bien.

Añadir poco a poco el resto del azúcar,
batiendo bien todo el tiempo, hasta que la
mezcla esté firme.

3 Poner un trozo de papel transparente
encima de la cobertura y tapar el cuenco
con un paño húmedo para evitar que se
seque. Guardar a temperatura ambiente.

CONSEJOS: Se puede usar clara de
huevo en polvo, que está disponible
en supermercados. Se bate con agua
y el azúcar tamizado, siguiendo las
instrucciones del paquete. El glaseado,
hecho de esta forma, también
debe cubrirse, porque se seca muy
rápidamente.

Cobertura de mantequilla

Se usa como relleno para intercalar entre
capas de bizcocho.

⅔ de taza

INGREDIENTES
1 cucharada de agua
½ cucharada de leche
½ taza de azúcar glasé, tamizada

Ablandar la mantequilla, añadir poco
a poco la leche y batir con el azúcar
tamizado, hasta que esté suave y brillante.
Añadir a la receta cualquier condimento
o colorante que se quiera.

Cobertura caramelizada rápida

Es suave y flexible y debe trabajarse con
bastante rapidez, porque si no se secará.
Envúelvala bien con papel transparente si
no lo está usando. Extienda con un rodillo
en una superficie suave, espolvoreada con
azúcar glasé o harina de maíz. Se mantiene
bastante suave para cortarla y comerla.

5 tazas

INGREDIENTES
5 tazas de azúcar glasé tamizada
la clara de un huevo grande
2 cucharadas de glucosa líquida
    y harina de maíz

1 Poner el azúcar glasé, la clara de huevo
y la glucosa en el recipiente de la batidora
y mezclar bien, hasta que la mezcla parezca
pan rallado fino.

2 Amasar la mezcla con las manos hasta
que esté suave y flexible, como una pasta.
Si la mezcla está demasiado seca, debe
añadir una gota de agua. Se puede añadir
un poco de harina de maíz para evitar que
resulte pegajosa. Está lista cuando no se
pegue a los dedos y pueda ser extendida
con un rodillo. (Todo el proceso puede
hacerse a mano en un cuenco.)

Mazapán

Todas las tartas se cubren con una capa de
mazapán. El mazapán mantiene la humedad
dentro del bizcocho y proporciona una
superficie suave y lisa en la que glasear.
Es fácil de trabajar y útil para moldear.
Si a sus niños no les gusta el mazapán,
sustitúyala por una pasta de azúcar.

5 tazas

INGREDIENTES
2 tazas de almendras molidas
½ taza de azúcar extrafino
½ taza de azúcar glasé
1 huevo
1-2 cucharadas de zumo de limón
½ cucharadita de esencia
    de almendra

1 Mezclar todos los ingredientes secos
en un cuenco. Añadir el huevo, el zumo
de limón y la esencia de almendra a la
mezcla de almendras molidas.

2 Mezclar bien, hasta formar una pasta
flexible. Envolver con papel transparente
hasta que se necesite. Extender con el
rodillo en una superficie ligeramente
espolvoreada con azúcar glasé.

Cobertura de albaricoque

Se usa para bañar el bizcocho y evitar que las migas se introduzcan en la cobertura. También unirá el mazapán o la cobertura al bizcocho.

½ taza

INGREDIENTES
½ taza de mermelada de albaricoque
1 cucharada de agua

Calentar la mermelada de albaricoque en un cazo con el agua, después pasar por un colador para quitar cualquier grumo. Volver a echar en el cazo y calentar hasta que hierva antes de barnizar el pastel.

CONSEJOS: La capa de cobertura de mermelada también evitará que la cobertura se ponga insípida y dura, ya que la humedad de la cobertura permanecerá ahí y no será absorbida por el bizcocho.

Cómo forrar un molde para tartas

Forrar los moldes es importante para que a los bizcochos se les pueda dar la vuelta sin que se rompan o se peguen.

1 Poner el molde sobre un trozo de papel encerado, dibujar una línea alrededor de la base con un lapicero y cortar el papel por dentro de la línea.

2 Engrasar la base y los lados del molde con mantequilla fundida o margarina blanda y pegar el trozo de papel con cuidado. Engrasar el papel por encima. El molde está ya listo para ser rellenado.

CONSEJOS: Si hace muchos bizcochos, merece la pena hacer varios forros de una vez y guardarlos dentro de una bolsa de polietileno.

Tambor

Es un pastel lleno de color para niños muy pequeños. ¡Lo encontrarán tan real que querrán tocarlo!

Un pastel redondo de 15 cm/6 in

INGREDIENTES
1 bizcocho de 15 cm/6 in
¼ de taza de cobertura
   de mantequilla
2 ¼ tazas de mazapán
4 tazas de cobertura
   caramelizada rápida
colorantes rojo, azul y amarillo

1 Dividir el bizcocho y rellenar con cobertura de mantequilla. Ponerlo en una tabla redonda de 20 cm/8 in y barnizar con la cobertura de albaricoque caliente. Cubrir el bizcocho con una capa de mazapán y dejar que se seque durante la noche.

2 Colorear la mitad de la cobertura de rojo. Reservar una pequeña cantidad para los palillos, extienda la masa con el rodillo hasta que tenga 25 x 30 cm/10 x 12 in y cortar por la mitad. Pegar los lados del bizcocho con agua, alisando las uniones.

3 Formar un círculo con una cobertura blanca para la parte de encima del pastel y guardar un poco para los palillos.

4 Dividir el resto de la cobertura por la mitad. Colorear una mitad de azul y la otra de amarillo. Divida el azul en 4 partes y extienda cada una, formando una salchicha para que vaya a medio camino alrededor del pastel. Pegar alrededor de la base y por encima del pastel con un poco de agua.

5 Con un cuchillo afilado, y ayudándose con un trozo de papel circular resistente a la grasa que haya sido doblado en seis partes, hacer seis marcas en el borde azul del pastel de la base y de la parte superior.

6 Enrollar el glaseado amarillo en hebras largas que atraviesen diagonalmente de arriba abajo para formar las cuerdas del tambor. Extender el resto de la cobertura y formar 12 bolas pequeñas pegándolas donde las cuerdas se unen al tambor.

7 Amasar el resto de la cobertura roja y blanca juntas, hasta que esté a rayas y formar 2 bolas y palos de 15 cm/6 in. Dejar secar durante la noche. Pegarlos con un poco de cobertura real para hacer los palillos.

El cumpleaños del osito de peluche

Los niños adorarán a este sonriente osito de peluche en su propio pastel.

Un pastel redondo de 20 cm/8 in

INGREDIENTES

1 bizcocho redondo de 20 cm/8 in
1¼ tazas de cobertura de mantequilla
cobertura de albaricoque
2½ tazas de mazapán
4 tazas de cobertura caramelizada rápida
colorantes alimentarios marrón, rojo, rosa,
 azul y negro y ¾ de taza de cobertura real
bolitas plateadas
1,5 m/1½ yardas de cinta de 2,5 cm/1 in de
 ancho y velas para decorar

1 Dividir el bizcocho y rellenar con la cobertura de mantequilla. Poner en una bandeja redonda y barnizar con cobertura de albaricoque caliente. Cubrir con una capa de mazapán y después con cobertura de caramelo. Con una plantilla señalar el dibujo en la parte de arriba del bizcocho.

2 Colorear una tercera parte del resto de la cobertura glaseada de marrón. Colorear un trozo de rosa, un trozo de rojo, algo de azul y un trozo pequeño de negro. Con una plantilla, cortar los trozos para el osito.

3 Poner las piezas en su lugar. Pegar subiendo los bordes y barnizando la parte de abajo con agua. Hacer rodar dos trozos de forma oval para los ojos y pegar en su lugar con la nariz y las cejas. Cortar una boca y presionar para que quede liso.

4 Atar la cinta alrededor del pastel. Colorear la cobertura real de azul y con la manga pastelera formar un borde alrededor de la base utilizando una boquilla en forma de concha del número 7.

5 Dibujar estrellitas alrededor del pastel con una boquilla en estrella del número 7, e insertar bolitas de plata. Poner las velas.

CONSEJOS: Para hacer un pastel redondo de 20 cm/8 in, siga las instrucciones del pastel de 15 cm/6 in, pero usando 3 huevos, ¾ de taza de azúcar extrafino, ¾ de taza de mantequilla o margarina, 1½ tazas de harina con levadura, ¾ de cucharadita de levadura y 2 cucharadas de agua. Cueza durante 45-55 min.

Bailarina

Este pastel requiere paciencia y mucho tiempo para la decoración.

Un pastel redondo de 20 cm/8 in

INGREDIENTES
1 bizcocho de 20 cm/8 in
1 ¼ tazas de cobertura de mantequilla
cobertura de albaricoque
3 tazas de mazapán
4 tazas de cobertura caramelizada rápida
colorantes alimentarios rosa, verde,
    amarillo y azul
¾ de taza de cobertura real
1,5 m/1 ½ yardas de cinta de 2,5 cm/1 in de
    ancho

1 Dividir el bizcocho y rellenarlo con cobertura de mantequilla. Ponerlo en una bandeja redonda y barnizar con cobertura de melocotón caliente. Cubrir con una capa de mazapán y después con otra de caramelo. Dejar secar durante la noche.

2 Dividir el resto de la cobertura glaseada en tres, colorear uno en color carne y los otros en dos rosas distintos. Extender con el rodillo cada color y utilizar cortadores en forma de flores de 5 mm/¼ in y de 9 mm/⅜ in para cortar 12 flores y otras 3 más pequeñas de la cobertura caramelizada del rosa más pálido. Apartar para secar.

3 Con una plantilla, marcar con cuidado la posición de la bailarina. Recortar el cuerpo de la bailarina de la cobertura de color carne y pegarla en su sitio con agua. Rematar los bordes con el dedo. Recortar un corpiño del rosa oscuro y pegarlo.

4 Para el tutú, trabajar con rapidez, ya que la cobertura caramelizada se seca pronto y se agrietará. Extender la cobertura rosa oscuro en una lámina de 3 mm/⅛ in de grosor y recortar un círculo acanalado con un círculo liso en el interior. Cortarlo en cuartos con un palillo y estirar con cuidado del borde acanalado para darle amplitud.

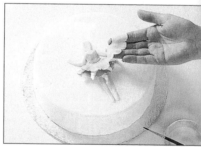

5 Pegar los volantes a la cintura con agua. Usar un palillo para darles forma y un poco de algodón para mantenerlos en su sitio. Para la capa del final, usar la cobertura del rosa claro y cubrirlo con una capa de rosa oscuro para simular el corpiño. Secar.

6 Pegar las flores para formar el arco. Colorear la cobertura royal de verde, y con

a manga formar hojas. Pintar el pelo y la
ara. Pegar florecitas en la cabeza. Cortar
apatillas rosa claro y cintas y pegarlas.
Con la manga, pintar el centro de las flores
on la cobertura rosa oscuro y formar
conchas alrededor de la base del bizcocho,
on la boquilla en forma de concha del
número 7. Atar la tarta con una cita rosa
para decorar.

CONSEJOS: Para hacer un pastel
redondo de 20 cm/8 in, siga las
instrucciones del pastel de 15 cm/6 in,
pero usando 3 huevos, ¾ de taza de
azúcar extrafino, ¾ de taza de
mantequilla, o 1 ½ tazas de harina con
levadura, ¾ de cucharadita de levadura y
2 cucharadas de agua. Cueza 45-55 min.

Pista de carreras

Un pastel para enamorar a los entusiastas, de 8 años, de las carreras de coches.
Es relativamente fácil de hacer y puede decorarse con tantos coches como quier

Un pastel

INGREDIENTES

2 bizcochos redondos de 15 cm/6 in
1 ¼ tazas de cobertura de mantequilla
5 tazas de cobertura caramelizada
    rápida
colorante rojo y azul
cobertura de albaricoque
3 tazas de mazapán
¾ de taza de cobertura real
velas y 2 coches de carreras
    pequeños para decorar

1 Dividir los bizcochos y rellenarlos
con la cobertura de mantequilla. Cortar
1 cm/½ in de un lado de cada bizcocho y
después poner los dos bizcochos en una
bandeja de 25 x 35 cm/10 x 14 in con los
bordes lisos juntos.

2 Colorear 4 ½ tazas de la cobertura
caramelizada de azul claro. Barnizar el
pastel con cobertura de albaricoque
caliente. Cubrir con una capa de mazapán
y después con la cobertura azul claro.

3 Hacer un círculo de 5 cm/2 in en el
centro de cada bizcocho. Extender la capa
caramelizada, cortar 2 círculos acanalados
y pegarlos en los espacios marcados.

4 Colorear la cobertura real de rojo. Con
manga pastelera, decorar el borde alrededor
del pastel en forma de conchas, usando una
boquilla en estrella del número 8.

5 Con la manga pastelera, dibujar una
pista para los coches usando una boquilla
plana del número 2. Poner las velas en los
dos círculos blancos y colocar los coches
en la pista.

Videojuego

El pastel es perfecto para un fanático de los videojuegos.

Un pastel

INGREDIENTES
1 bizcocho cuadrado de 15 cm/4 oz
¼ de taza de cobertura de mantequilla
cobertura de albaricoque
1 ¾ tazas de cobertura
    caramelizada rápida
colorantes negro, azul, rojo
    y amarillo
1 ½ tazas de mazapán
cobertura real

1 Dividir el bizcocho y rellenar con la cobertura de mantequilla. Con un cuchillo de sierra afilado, cortar 2,5 cm/1 in de un lado del bizcocho y 1 cm/½ in del otro. Redondear las esquinas ligeramente. Ponerlo en una tabla cuadrada de 20 cm/ 8 in y barnizar con cobertura de albaricoque.

2 Colorear 1 ½ tazas de cobertura caramelizada de negro. Cubrir el bizcocho con una capa de mazapán y después con la mayoría de la cobertura caramelizada negra.

3 Con un palillo de madera, marcar los agujeros del altavoz y la posición de la pantalla y los botones.

4 Colorear la mitad de la cobertura caramelizada restante de azul claro, extender y cortar un cuadrado de 6 cm/ 2 ½ in para la pantalla. Pegar en el centro del juego con un poco de agua.

5 Colorear un trocito de cobertura caramelizada de rojo y el resto de amarillo. Recortar el botón de encendido de 2,5 cm/1 in de la cobertura roja y los controles de la amarilla. Pegar con agua.

6 Extender el resto de la cobertura negra en forma de salchicha larga y delgada y usarla para hacer el borde de la pantalla y para ponerla alrededor de la base del pastel.

7 Con un pincel fino, dibujar el juego en la pantalla con un poco de colorante azul. Dibujar unas letras con la manga pastelera en los botones con un poco de cobertura real.

Cometa sonriente

La cara de esta cometa es uno de los pasteles favoritos para los niños.

Un pastel

INGREDIENTES

1 bizcocho cuadrado de 25 cm/10 in
2 ½ tazas de cobertura de mantequilla
cobertura de albaricoque
6 ⅔ tazas de cobertura caramelizada rápida
colorantes amarillo, rojo, verde, azul
   y negro
3 tazas de mazapán
¾ de taza de cobertura real

1 Dividir el bizcocho y rellenar con la cobertura de mantequilla. Hacer una marca a cada lado de una de la esquinas, a 15 cm/6 in de la misma, y con una regla, hacer un corte desde estos dos puntos hasta la esquina opuesta. Colocarla en diagonal sobre una tabla cuadrada de 30 cm/12 in y barnizar con cobertura de albaricoque.

2 Colorear 3 tazas de la cobertura caramelizada de amarillo claro. Dividir el resto en 5 partes, dejando una en blanco, y colorear las otras cuatro en rojo, verde, azul y negro. Envolver cada trozo por separado en papel transparente.

3 Cubrir el pastel con una capa de mazapán, después una capa de cobertura amarilla, dejando un poco para la cola.

4 Con una plantilla, marcar la cara feliz sobre la cometa. Decorar con la manga pastelera un borde formando una concha alrededor de la base del pastel. Cortar las partes de la cara, la pajarita y los botones de los distintos colores de cobertura caramelizada y pegar en su sitio con agua.

5 Para la cola de la cometa, extender cada color por separado y cortar 2 trozos de 4 x 1 cm/1 ½ x ½ in azul, rojo y verde. Apretarlos para darles forma de pajarita.

CONSEJOS: Para hacer un pastel cuadrado de 25 cm/10 in, siga las instrucciones del pastel de 15 cm/6 in, pero usando 8 huevos, 2 ¼ tazas de azúcar extrafino, 2 tazas de mantequilla o margarina, 2 tazas de harina con levadura, 2 cucharaditas de levadura y 7 cucharadas de agua. Cueza durante 1½-1¾ h.

6 Extender la mayor parte de lo que queda de cobertura amarilla en forma de una cuerda larga y colocarla en la tabla en una forma ondulante, desde la parte más estrecha de la cometa, después pegar las pajaritas en su sitio con agua. Extender bolas de cobertura amarilla, pegarlas en la tabla con un poco de cobertura real y pinchar las velas.

Buck's fizzy y twizzles

Una bebida excelente, que le da mil vueltas a la auténtica. Se sirve con sabrosos *twizzles* de queso.

6-8 personas

INGREDIENTES
PARA EL *BUCK'S FIZZY*
½ taza de zumo de naranja
   recién exprimido
3 cucharadas de zumo de limón
½ taza de azúcar extrafino tamizado
1 ¼ tazas de limón amargo frío
rodajas de naranja para decorar

PARA LOS *TWIZZLES*
2 tazas de harina sin levadura
½ taza de mantequilla
1 cucharada de especias variadas
½ taza de queso Cheddar duro rallado
agua fría para remover
sal y pimienta negra recién molida

1 Para hacer el *Buck's fizzy,* mezclar el zumo de naranja y de limón y el azúcar extrafino en una jarra; remover y dejar enfriar.

2 Justo antes de servir, añadir el limón amargo y decorar con las rodajas de naranja.

3 Para hacer los *twizzles,* precalentar el horno a 190 °C/375 °F. Poner la harina y la mantequilla en un cuenco grande. Frotar la mantequilla con la harina con los dedos hasta que la mezcla parezca miga de pan.

4 Echar las especias, el queso, sazonar y añadir bastante agua para hacer una masa consistente. Amasar en una bola.

5 Extender la masa a un grosor de 5 mm/ ¼ in y cortarla en tiras de 15 x 1 cm/ 6 x ¼ in. Torcer cada tira una o dos veces y colocarlas en fila en una bandeja de horno engrasada.

6 Cocer al horno durante 15-20 min
hasta que estén doradas. Enfriar los *twizzles*
en una rejilla metálica antes de servir con
el *Buck's fizzy*.

CONSEJOS: Haga alguna de las
tiras de masa en círculos. Después de
cocerlas, pasar tres tiras de masa por
cada círculo, de forma que cada invitado
tenga su conjunto personal de *twizzles*.

Batido suavecito de fresa y galletas «Estrellas en tus ojos»

Es seguro que los niños encontrarán muy apetitosa esta cremosa bebida de frutas, servida con tentadoras galletas pequeñas.

4-6 personas

INGREDIENTES

PARA EL BATIDO SUAVECITO DE FRESAS
2 tazas de fresas
⅔ de taza de yogur griego
2 tazas de leche helada
2 cucharadas soperas
   de azúcar extrafino

PARA LAS GALLETAS ESTRELLAS
½ taza de mantequilla
½ taza de harina sin levadura
¼ de taza de azúcar extrafino
2 cucharadas de sirope dorado
2 cucharadas de azúcar de grano grueso

1 Para hacer las galletas «Estrellas en tus ojos», poner la mantequilla y la harina en un cuenco y frotar en la mantequilla con los dedos hasta que la mezcla parezca miga de pan. Echar el azúcar extrafino y amasar todo junto para hacer una bola. Dejar enfriar en la nevera durante 30 min.

2 Calentar el horno a 180 °C/350 °F y engrasar dos bandejas de horno. Extender la masa en una superficie enharinada hasta obtener un grosor de 5 mm/¼ in. Con un cortador en forma de estrella de 7,5 cm/ 3 in, dar forma a las galletas.

3 Colocar las galletas en las bandejas de horno preparadas dejando bastante espacio entre ellas para que puedan crecer. Cocer 10-15 min, hasta que se doren.

4 Poner el sirope en un cuenco pequeño apto para microondas y calentarlo a la máxima potencia durante 12 s ó 1-2 min al baño María. Barnizar las galletas mientras todavía están calientes. Espolvorear con azúcar de grano grueso cada una de ellas y dejar enfriar.

5 Para hacer el batido, reservar unas pocas fresas para decorar, y pasar el resto por una batidora con el yogur, hasta que esté suave.

6 Añadir la leche y el azúcar extrafino, batir la mezcla otra vez y verter en vasos. Servir cada vaso decorado con una o dos de las fresas reservadas y acompañado de las galletas «Estrellas en tus ojos».

Fruta exprimida y brochetas

La fruta exprimida, acompañada de pinchos de fruta que hacen la boca agua, es sólo el comienzo de una fiesta de niños en un bochornoso día de verano.

6 personas

INGREDIENTES
PARA LA FRUTA EXPRIMIDA
1 ¼ tazas de zumo
   de naranja
1 ¼ tazas de zumo de piña
1 ¼ tazas de zumo
   de fruta tropical
2 tazas de limonada
rodajas de piña natural
   y cerezas para decorar

PARA LAS BROCHETAS DE FRUTAS
24 fresas pequeñas
24 uvas verdes sin pepitas
12 nubes de caramelo
1 kiwi pelado y cortado
   en 12 cuñas
1 plátano
1 cucharada de zumo de limón

2 Mezclar el zumo de fruta tropical y la limonada en una jarra grande. Poner la mezcla de los cubitos en los vasos y verter la mezcla de zumos por encima. Decorar los vasos con las rodajas de piña natural y las cerezas.

3 Para hacer las brochetas de frutas, insertar dos fresas pequeñas, dos uvas sin pepitas, una nube y una cuña de kiwi en cada pincho de madera.

4 Pelar el plátano y cortarlo en 12 rodajas. Meterlo en el zumo de limón e insertarlo en los pinchos. Servir inmediatamente con la fruta exprimida.

1 Para preparar la fruta exprimida, poner el zumo de naranja y el de piña en bandejas de cubitos de hielo y congelar hasta que estén sólidos.

Notas

Para las recetas, las cantidades se expresan utilizando el Sistema Métrico Decimal y el Sistema Británico, aunque también pueden aparecer en tazas y cucharadas estándar. Siga uno de los sistemas, tratando de no mezclarlos, ya que no se pueden intercambiar.

Las medidas estándar de una taza y una cucharada son las siguientes:

1 cucharada = 15 ml

1 cucharadita = 5 ml

1 taza = 250 ml/8 fl oz

Utilice huevos medianos a menos que se especifique otro tamaño en la receta.

Abreviaturas empleadas:

kg = kilogramo

g = gramo

lb = libra

oz = onza

in = pulgada

l = litro

ml = mililitro

fl oz = onza (volumen)

h = hora

min = minuto

s = segundo

cm = centímetro

Copyright © Anness Publishing Limited, U.K. 2001

Copyright © Spanish translation, EDIMAT LIBROS, S. A, Spain, 2002
C/ Primavera, 35
Polígono Industrial El Malvar
28500 Arganda del Rey
MADRID-ESPAÑA

ISBN: edición tapa dura 84-9764-019-5 - edición rústica 84-9764-059-4
Depósito legal: M-52659-2003
Impreso en: COFÁS

Traducido por: Perfect Lingua (Inmaculada Aranda)

Fotografía: Karl Adamson, Edward Allwright,
James Duncan, Ian Garlick, Michelle Garrett,
Amanda Heywood, Janine Hosegood, David Jordan,
Don Last, William Lingwood, Patrick McLeavey,
Michael Michaels.

IMPRESO EN ESPAÑA – *PRINTED IN SPAIN*